UNE

AUTRE CHAMBRE

Apparent rari .... in gurgite vasto.

PARIS,

A. PIHAN DELAFOREST,

IMP. DE MONSIEUR LE DAUPHIN ET DE LA COUR DE CASSATION,
rue des Noyers, n° 37.

1827.

L'ère septennale doit perdre ou sauver la monarchie.

Supposez que le système actuel soit mauvais; on risque tout à renommer ceux qui le soutiennent.

Supposez qu'il soit bon; on ne peut douter que ceux qui seront nommés le soutiendront.

Ecartez donc tous les ministériels;

C'est rendre service aux uns, qui ont pris gratuitement tant de peines.

C'est faire justice des autres, qui se sont attribués honteusement tant de profit.

Il n'y aura de brigues et de plaintes que de la part de la vanité, de l'avidité.

Vainement les traîtres pour qui tout moyen est bon, crient sur les toits que le Roi veut telle ou telle nomination, et les lâches qui n'ont pas d'autres titres cherchent à s'en prévaloir.

Les uns et les autres commettent le crime de lèse-majesté.

La royauté choisit ses ministres et dissout la chambre : seuls actes peut-être qui soient censés émaner de sa volonté intime.

La royauté dissout, puis se retire, laissant le

*

libre arbitre, donnant de pleins pouvoirs aux électeurs.

Là, le rôle qu'elle s'est réservé, est fini.

La royauté, placée au faîte, isolée de tout contact, purgée de tout intérêt, ne saurait se faire une volonté, à toute heure, en tout point.

La royauté veut en masse, et non pas en détail, veut à l'avance et non pas après coup.

De même que la Divinité, après avoir créé le système céleste, se garde d'intervenir dans ses mouvemens ; de même la royauté, après avoir érigé l'ordre social, refuse de s'ingérer dans son mécanisme.

La royauté ne veut que le bien, que l'ordre.

On n'accomplit sa volonté qu'en observant les devoirs, en exerçant les pouvoirs qui sont imposés et attribués.

Quelle que soit l'opinion à l'égard de la Charte, lorsqu'on lui a prêté serment, lorsqu'on agit sous sa loi, c'est manquer à l'honneur que de l'enfreindre, de la violer.

La dissolution emporte une sorte d'appel à l'opinion ; les électeurs composent le jury politique qui a charge de prononcer sur le point de fait.

Or, les ministres, les députés, avaient le même esprit, n'étaient que les sections d'un être ; entre eux il y a solidarité ; il y a, pour ainsi dire, identité.

Le point de fait consiste à savoir si le cabinet et la Chambre, l'un portant l'autre, ont bien ou mal agi.

Et la déclaration du jury s'opère au moyen de la réélection, ou de la non élection des députés traduits à sa barre.

D'où il suit que les membres du jury qui sont d'avis qu'on a mal agi, s'ils renomment les députés, font une fausse déclaration.

Ils les ont jugés coupables ou incapables, et ils les maintiennent en fonctions; ils ont apprécié le mal déjà fait, et ils autorisent le mal à faire.

Certes, leur conscience est bien compromise.

Le jury politique n'est chargé que de déclarer le point de fait.

Il se donnerait deux torts graves, en manquant à sa mission, en empiétant sur le domaine d'une autre puissance.

Cette autre puissance est la couronne, laquelle doit prononcer en point de droit, doit juger s'il y a lieu où s'il n'y a pas lieu d'appliquer la peine;

Car la déclaration du jury est appelée à lui porter des lumières, et non pas à lui infliger des ordres.

Mais le jugement de la couronne ne sera point éclairé, si les membres du jury qui pensent qu'il y a délit, déclarent qu'il n'y en a pas.

Son option ne sera pas libre, si ceux qui blâment, se réunissant à ceux qui approuvent, la sanction paraît unanime.

En cette manière, les ministres n'ont rien à craindre de la couronne; et, n'ayant non plus rien à en attendre, se jouent d'elle.

C'est que le pouvoir suprême s'étant dessaisi de ses antiques droits, n'est point à même d'en faire usage ;

C'est que s'étant lié, s'étant soumis aux lois nouvelles, il n'a de force, de vertu, qu'au moyen de leur accomplissement.

Aussi le ministère, jaloux de parvenir à ces fins, ne travaille qu'à jeter l'illusion dans les esprits.

Écoutez plutôt les niais qu'il souffle et les valets qu'il paie :

« Royalistes, prenez garde; les libéraux veillent et complotent ; le trône est menacé ; une révolution s'apprête. Ce serait trahir le Roi que de leur donner vos voix ou même de vous tenir à l'écart.

« Unissez-vous à nous; oublions pour l'instant nos débats, et nommons de concert les candidats officiels....

« Royalistes, que faites-vous ? sans doute le ministère s'est souvent égaré ; mais l'expérience l'a instruit, l'a corrigé : vous en serez émerveillés.

« En tout cas, quels seraient ses successeurs ?

Ceux-ci sont inhabiles, et ceux-là équivoques : à part, ni les uns ni les autres n'auraient la majorité ; ensemble, ils ne s'accorderaient pas. »

Triste pays, qui fut déja trompé en 1824, faudra-t-il qu'après tant de mécomptes, tant de regrets, tu sois encore trompé par les mêmes gens, avec les mêmes mots ?

La question est ainsi déplacée.

Vit-on jamais la justice se rendre à l'argument d'une bande de malfaiteurs qui, n'étant accusés que d'élaguer les arbres jusqu'à la cîme, prétendraient qu'on doit les épargner, les récompenser peut-être, en ce qu'ils gardent le bois contre une autre bande qui mettrait la hache au pied.

Le jury politique n'est point appelé à diriger ses prévisions au vague de l'avenir, mais seulement à juger le passé, à déclarer le point de fait.

De même qu'au parlement d'Angleterre, le scrutin doit contenir la double liste des *contents* et des *non contents*.

Et, comme les votes ne portent que des noms, n'expriment point les motifs, le résultat seul est sensible, est parlant.

Si les anciens députés sont renommés, il faut croire que les électeurs étaient contens ; et, s'ils étaient contens, il faudra bien que la royauté s'en contente.

En s'imaginant lui éviter des risques éventuels, on expose la couronne à un péril trop certain ; en n'aspirant qu'à exécuter sa volonté prétendue, on le prive de l'exercice de sa volonté légale.

Ici, l'insolence et la bêtise se disputent le pas.

Est-ce qu'il n'y aurait pas d'autres royalistes pour être députés ?

S'il y en a, comment les *non contents* hésiteraient-ils à les nommer ?

S'il n'y en a pas, pourquoi prendraient-ils la peine de renommer les anciens, puisque l'Etat est déja perdu ?

Et qui donc voudrait réélire ceux-là même qui, à force de peines et de soins, sont enfin parvenus à ce *nec plus ultra* ?

Car, certes, il y avait, ou plutôt il n'y avait que des royalistes à la restauration, au dernier avènement.

Là, est le désastre ! Des libéraux, des radicaux ministériels n'auraient pas fait pis.

Qu'on fouille plutôt dans leurs rangs ; qu'on prenne règle sur cette parabole, où les invités au banquet ayant manqué de se présenter, le maître dit à ses serviteurs :

« Allez, courez les rues, les places publiques, et prenez, amenez les boiteux, les bossus, les borgnes. »

Non, ce n'est pas cela.

On avoue qu'à la rigueur, il y a moyen de rencontrer assez de royalistes pour remplir les sièges vacans par l'effet de la dissolution.

Mais des scrupules qu'il serait pénible de qualifier, donnent la mortelle crainte que le trône manque de sagacité et de fermeté.

« Voyez le danger. Tous ces députés sont nouveaux : fort peu soutiennent le ministère, et beaucoup l'attaquent en face. Il y a tant à dire sur un pouvoir chargé d'années.

« Le trône cèdera, et peut-être le tort des royalistes-ministres va retomber à la charge des sujets royalistes ; peut-être le trône va-t-il les prendre en défiance et les remplacer par des libéraux. »

Dans la vérité, cette chance existe : c'est à la confiance imperturbable, c'est à la profonde vénération dont tous les fidèles sont pénétrés envers le monarque, qu'il appartient de l'apprécier.

Quant aux royalistes qui se sont faits ministériels, et quant aux ministériels qui se disent royalistes, cela ne fait pas de question.

Laissons-là les blasphêmes.

Les élections ne seront pas homogènes : il ne s'agit nullement de prévoir quel serait l'effet d'une chambre anti-ministérielle en totalité.

Entre les rangs des deux oppositions au ministère, il apparaîtra des membres de l'opposition à la couronne, vulgairement connus sous le sobriquet de ministériels.

Donc la loi ne sera pas faite au Roi ; donc la haute sagesse, installée sur le trône, n'aura pas à être soupçonnée de tourner à la lâcheté, à l'ineptie.

La loi ne serait faite au Roi, que dans le cas où les intrigues, pratiquées avant et pendant les élections, auraient réussi à produire, sous le titre de chambre des députés, le honteux appendice du cabinet.

Et qu'importe d'où survient le joug ? la gloire du trône est de même flétrie ; le salut de l'Etat est de même compromis.

Que les vrais royalistes avisent donc. Doivent-ils se ranger du bord du ministère, ils combattent contre leur maître : le ministère pourra-t-il les enrôler sous sa bannière, il triomphera de son maître.

C'est justement ce que veut le parti : qui vit de l'autel prêche pour son saint, tout prêt à ravir les offrandes dues à la Divinité, pour les appliquer à l'idole favorite.

Or comme de ce bord, tout honneur est perdu, toute honte est passée, on a beau jeu à prendre les nobles caractères par le point d'honneur, à faire honte aux ames timorées.

Car il n'y a rien à rétorquer; et le conseil, le reproche n'atteindraient pas.

Ce sera comme à l'époque du licenciement :

« Les gens tremblaient : le ministre n'avait fait que des fautes; ses adversaires en avaient moins fait : la balance penchait contre lui.

« Des évènemens fortuits adviennent à propos : il tombait de son poids; le choc le remet d'aplomb. Il faut profiter de l'occasion.

« De là, tant de colère feinte, tant d'enthousiasme simulé : il ne manque plus que le cri : *Vive le ministre*, pour faire la contre-partie du cri : *Vive le Roi! (Un Homme de trop.)* »

On ne parle pas plus haut, plus fort : à professer la vertu, à prêcher le dévouement, la voix s'élève.

Certes, le dévouement a fait ses preuves, la vertu a donné de grands exemples.

Voyez plutôt; comptez ou pesez tant d'honneurs et de faveurs, tant de puissance et de fortune, dont, hélas! il a fallu accepter la charge, non sans courber le dos sous un tel faix.

Et entendez bien : ce sont les honorables septennaux en personne, en corps et en ame, que les collèges doivent renommer uniquement, exclusivement.

Attendu qu'il n'y a pas d'autre royauté que le ministère, et par conséquent, d'autres royalistes que les ministériels.

Attendu qu'entre les ministériels, la chance est plus belle à prendre ceux qui étant repus et gorgés de biens, vont sans doute s'occuper des intérêts de l'Etat, quand ce ne serait que pour passer le temps.

Est-ce assez d'impudence ?

Les gens ne sont pas plus bêtes que d'autres ; et souvent la parole naïve a trahi la pensée secrète. Autant que nous, ils repoussent les projets, ils craignent les suites du système ministériel.

Et pourtant c'est leur refrain constant : Soutenez le ministère.

Ils sentent fort bien que la chambre qu'ils composent est déconsidérée, pour se servir de l'heureuse expression des affidés du cabinet.

En sorte que, dans le sens du bien, la défiance et l'aversion se jetteraient au-devant de ses pas, la forceraient de battre en retraite ; et que, sur les voies du mal, l'entêtement et la vanité la pressent vivement, la poussent au-delà de toute limite.

Ils savent fort bien que, pour expédier des auxiliaires au ministère, tout département, tout rrondissement possède un nombre de sujets, au moins de leur portée.

Et pourtant c'est encore leur refrain : Fournissez es députés au ministère, fournissez-lui les mêmes éputés.

Voilà que la question est bien entendue.

Dans les élections, au dire des faiseurs, il s'agit n premier lieu, du sort des ministériels ; en second lieu, du sort des ministres ; en troisième u en centième lieu, des destins de la monarchie.

D'où il suit que ceux qui appartiennent aux députés actuels par le sang ou par le cœur, par la ratitude ou par la convoitise, voire même par 'estime ou l'admiration ;

Que ceux qui blâment lesdits députés de n'avoir as tiré assez de profit du droit qui leur est donné e jeter la boule blanche ou noire ; qui les plaignent de n'être pas rétribués en juste proportion es fatigues de corps et d'esprit qu'il leur faut ubir dans la manœuvre de *l'assis et levé*,

Que ceux qui s'enorgueillissent de voir les suslits députés, après avoir passé par le noviciat du conseil d'état ou de l'antichambre, être promus 'un après l'autre, à la dignité de pair de France, n sorte qu'au terme des sept ans, nul n'en hôme :

Doivent renommer les membres de la chambre.

D'où il suit que ceux qui d'après une expérience consommée et non sans la plus profond[e]
méditation, se sont assurés que le ministère c[i]
présent :

A conquis tous les cœurs à la personne sacré[e]
A rallié tous les esprits à l'œuvre royale,
A consolidé l'union entre les Français,
A rétabli l'empire de la Religion,
A raffermi l'influence de l'honneur,
A protégé l'exercice de la justice,
A relevé l'agriculture et le commerce,
A suivi une politique loyale,
A soutenu la gloire nationale,
Etc. . . . .
Etc. . . . .
Etc. . . . .
Ou bien qu'à défaut d'un ou plusieurs de c[es]
titres et même de tous ces titres, aucun aut[re]
ministère ne serait à même, soit de faire aus[si]
bien, soit de faire aussi peu mal.

Doivent nommer les candidats du cabinet.

Laissons ces deux catégories d'électeurs suiv[re]
le pont-aux-ânes, et passons à ceux qui sans rais[on]
peut-être, sont peu contens des ministériels [et]
très mécontens du ministère.

Or, les royalistes, car ce nom n'appartient qu'à eux, sont jetés entre les ministériels et les libéraux; se trouvant rarement en majorité dans les collèges et réduits ainsi à la nullité, à moins de s'allier aux uns ou aux autres.

Pour participer à l'opération, il leur faut coniver, soit négativement en ne donnant pas leur vote, soit positivement en votant de tel ou tel côté, à l'élection de députés hostiles.

Dans l'immense variété des combinaisons électorales, il n'y a moyen que d'établir en principe général, lequel est préférable, qu'un ministériel ou qu'un libéral soit nommé :

C'est-à-dire, de quel bord se rencontrent les chances les plus funestes, les périls les plus prochains, pour l'ordre monarchique, dont dépend le salut de la civilisation morale et matérielle.

Et comme chaque député élu, tend à porter la majorité dans un sens ou dans l'autre, sans que son collège en le nommant, sache s'il ne la complettera pas.

Comme la vérité n'apparaît nettement, qu'à un terme fortement tranché, qu'au terme extrême;

C'est entre une majorité ministérielle et une majorité libérale, que la question doit être posée et résolue.

Il n'y a rien à apprendre aux royalistes intacts, quant à la désaffection des cœurs et à la perturbation des esprits, qu'ont produites les quatre dernières sessions et qui s'aggraveraient progressivement, pendant les six ou sept sessions futures, les choses restant au même état.

Il y a au contraire beaucoup à leur exposer, sur les résultats encore inconnus, d'une majorité libérale.

Le besoin, le devoir commandent de le dire, d'autant que cela n'a pas été encore dit, et malgré qu'en le disant, il y ait le plus grand risque de choquer des scrupules, maintenant hors de saison, de s'attirer des reproches, maintenant sans valeur.

Poussons donc jusqu'à l'absurde ; supposons une majorité libérale.

Est-ce donc qu'il n'y a pas un Roi, un Français de plus sur le trône ?

Qu'on se rappelle la restauration, et le dernier avènement, époques prêtes à renaître, à ramener les temps d'amour, de respect et de foi, pour peu qu'il y eût un Français aussi au ministère.

Est-ce qu'il n'y a pas un Roi, dont un signe de tête ferait rentrer dans le néant, des complots criminels, dont un trait de plume ferait prendre les armes, à l'Europe irritée, épouvantée.

Est-ce qu'il n'y a pas une chambre haute, justement instituée pour parer à un tel péril et de jour en jour rendue plus digne, plus capable de maintenir l'ordre social.

Une chambre haute qui, sortant de cette fausse position, où la chambre antagoniste agissant contre nature, la contraint à subir la popularité, se montrerait soudain telle qu'elle doit être.

Seulement vienne la majorité libérale avant que le sentiment refoulé, ait brisé les cœurs, avant que la chambre des pairs se soit écroulée sous le poids.

Poussons jusqu'à l'absurde.

Que peut-on craindre ? il n'est pas si difficile de deviner que la couronne se bornerait, pendant une ou deux sessions, à présenter le budjet; puis en appellerait à la France.

Or le ministère a disparu pendant la tempête, l'obscurcissant plus l'éclat de la couronne, n'étouffant plus les lumières de l'opinion : et l'opinion libre en son expression, contenue par la répression, n'est point ennemie de la couronne.

Voyez plutôt comme elle s'élève contre ce ministère, dont la conduite prépare une révolution certaine : voyez comment elle se tient en accord parfait, dans ses élémens royalistes et libéraux, quant au but commun.

Telle est l'épouvante des crises politiques
telle est l'aversion contre le ministère, qu'
l'instant de sa chute, l'opinion de même una
nime, qui maintenant se jette éplorée aux pied
du trône, alors se presserait, se serrerait autou
du palais sacré.

Seulement, vienne la majorité libérale, avan
que l'obstination, l'endurcissement n'aient para
lysé l'élan naturel des Français.

Le temps presse : jamais l'état des esprits ne fu
aussi déplorable.

LE ROI, LE ROI, s'écrient sans cesse les mi
nistres, ainsi que font les huissiers, sur le passag
de Sa Majesté.

Le Roi veut : ou le Roi voudra ; car il s'en es
rencontré un, dont la langue moins rusée, en par
lant de la volonté de son maître, a dit : nous la
changerons.

Le Roi veut ceci, veut cela : c'est toute la lo
gique. Les sujets n'ont qu'à obéir, les fidèles qu'
applaudir.

Ecoutez, lors du licenciement : « Je l'ai con-
seillé, sans toutefois l'avoir provoqué... S'il n'a-
vait pas été proposé, nous l'aurions proposé. »
(*Séance du 9 mai.*)

Lisez, quant à la censure : « Le trône repouss
les fausses lumières.... La censure est la leçor

d'un père.... Telle est la censure qui convient à la bonté du Roi. » (*Moniteur, 26 juin.*)

Outrageantes paroles! Elles ont porté le dernier coup ; et tout ce qui est irrité contre le ministère, se détache aussi de la couronne, tombe, de degré en degré, jusqu'à l'extrême opposition.

POST-SCRIPTUM, Jeudi soir.

Voyez les journaux du matin : la plus affligeante, la plus inconcevable liste de députés à élire, ne justifie que trop ces derniers mots.

Mais c'est dévier de ses anciens erremens : c'est s'opposer aux chances les plus propices : c'est se livrer aux plus vaines idées.

Il n'importe : le feu a été mis aux têtes ; les têtes sont embrasées.

A qui la faute? Eh ! grand Dieu, il n'est conscience qui en doute dans le for intérieur, il n'est bouche qui le nie, sauf au prix de Judas.

Supposez entre les trente millions de Français, un autre homme, un homme quelconque, pris au hasard, tout ce peuple était à son Roi.

Puis, voyez le journal du soir.

« Royalistes, l'une des deux listes est signée par tels et tels journaux : et l'autre, par le Roi, »

« PAR LE ROI....

Misérable gazetier qui transforme l'acte de désignation des présidens, en une liste de députés à élire.

Misérable qui fait présenter par la majesté royale, au scrutin de ses sujets, des candidats

Misérable qui fait prendre à la couronne sans tache, une initiative qu'elle ne s'est pas réservée.

Misérable qui ose mettre en contact, en contraste, en concurrence, la signature des journaux et l'auguste seing du Roi.

Pourquoi n'a-t-il pas dit aussi que l'encombrement de la chambre des Pairs avait été *provoqué d'en haut* et que la dissolution de l'autre était *la leçon d'un père.*

Non, il n'y a pas dans le cœur de l'homme, assez de colère, d'horreur, de mépris, au degré que mérite ce dernier trait de déloyauté, de trahison.

Mais quand donc le Ciel tonnera-t-il?

A. PIHAN DELAFOREST,

Imprimeur de Monsieur le Dauphin et de la Cour de Cassation, rue des Noyers, n° 37.